創意小畫家系列

彩 色 筆

M. Àngels Comella 著

本局編輯部 譯

三民書局

國家圖書館出版品預行編目資料

小普羅藝術叢書．創意小畫家系列
M. Àngels Comella 著；三民書局編輯部譯.
－－初版. －－臺北市：三民，民87
冊； 公分
ISBN 957-14-2871-X（一套；精裝）

1.美術－教學法 2.繪畫－西洋－技法

523.37   87005794

網際網路位址　http://www.sanmin.com.tw

◨ 彩 色 筆

著作人　M. Àngels Comella
譯　者　三民書局編輯部
發行人　劉振強
著作財
產權人　三民書局股份有限公司
　　　　臺北市復興北路三八六號
發行所　三民書局股份有限公司
　　　　地址／臺北市復興北路三八六號
　　　　電話／二五○○六六○○
　　　　郵撥／○○○九九九八——五號
印刷所　三民書局股份有限公司
門市部　復北店／臺北市復興北路三八六號
　　　　重南店／臺北市重慶南路一段六十一號
初版二刷　中華民國九十年二月
編　號　S94071
定　價　新臺幣貳佰捌拾元整
行政院新聞局登記證局版臺業字第○二○○號

有著作權　不准侵害

ISBN　957-14-2853-1（精裝）

彩色筆是最近才發明的工具。你的爺爺、奶奶可能都還不曾使用過喲！彩色筆有很多、很多的種類：細字的、粗的、特粗的；不透明的或是透明的；有自然的顏色、也有人工的顏色；有的用酒精稀釋、有的用水；持久的*；甚至一種是可以改變顏色的、或是用特製的鋼筆可以擦掉的。

在這本書裡，我們選用了無毒的、小學生使用的水性彩色筆。

彩色筆有一個優點，就是它顏色的強度。

即使這樣，但我們還是要提醒你，可不能把畫曝露在光線下面喔！不然最後它會失去光澤的。在使用完彩色筆以後，要記得蓋上筆蓋，這樣子它才不會乾得太快而不能使用。

彩色筆有百萬種以上不同的使用方式，只要你想得到，它就可以畫得出來喲！我們在這裡嘗試了一些方法，也選了一些範例；或許你可以想到更多……

彩色筆真是神奇喲！

這是ㄓ一ㄏㄜˊ盒水ㄕㄨㄟˇ性ㄒㄧㄥ彩ㄘㄞˇ色ㄙㄜˋ筆ㄅㄧˇ。· · · · · · · · · · · · · · · · ·

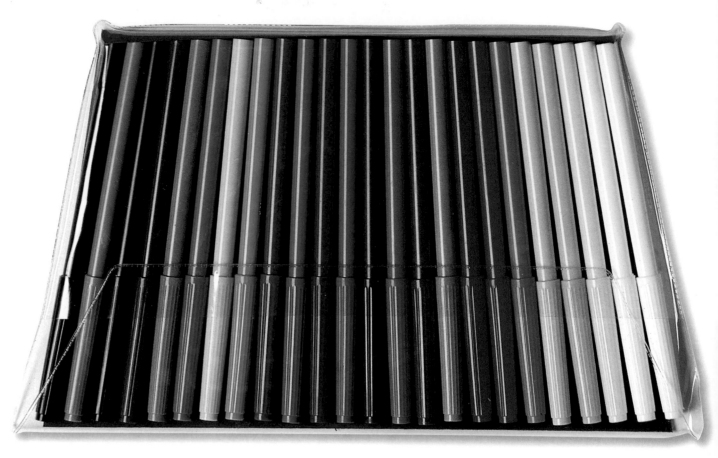

要ㄧㄠˋ怎ㄗㄣˇ麼ㄇㄜ˙使ㄕˇ用ㄩㄥˋ呢ㄋㄜ˙？

● 我ㄨㄛˇ們ㄇㄣ˙可ㄎㄜˇ以ㄧˇ用ㄩㄥˋ筆ㄅㄧˇ尖ㄐㄧㄢ畫ㄏㄨㄚˋ細ㄒㄧˋ線ㄒㄧㄢˋ。

● 把ㄅㄚˇ筆ㄅㄧˇ傾ㄑㄧㄥ斜ㄒㄧㄝˊ一ㄧˋ些ㄒㄧㄝ，
可ㄎㄜˇ以ㄧˇ畫ㄏㄨㄚˋ出ㄔㄨ比ㄅㄧˇ較ㄐㄧㄠˋ粗ㄘㄨ的ㄉㄜ˙線ㄒㄧㄢˋ條ㄊㄧㄠˊ。

● 把ㄅㄚˇ筆ㄅㄧˇ傾ㄑㄧㄥ斜ㄒㄧㄝˊ一ㄧˋ些ㄒㄧㄝ，
也ㄧㄝˇ可ㄎㄜˇ以ㄧˇ用ㄩㄥˋ來ㄌㄞˊ把ㄅㄚˇ某ㄇㄡˇ個ㄍㄜˋ部ㄅㄨˋ分ㄈㄣ著ㄓㄨㄛˋ色ㄙㄜˋ。

● 用ㄩㄥˋ細ㄒㄧˋ字ㄗˋ彩ㄘㄞˇ色ㄙㄜˋ筆ㄅㄧˇ，
可ㄎㄜˇ以ㄧˇ畫ㄏㄨㄚˋ出ㄔㄨ非ㄈㄟ常ㄔㄤˊ細ㄒㄧˋ的ㄉㄜ˙線ㄒㄧㄢˋ條ㄊㄧㄠˊ喔ㄛ！

我們也可以：

● 把淺的顏色塗在深的顏色上面，來產生新的顏色。

● 塗在淺色上面的深色，幾乎不會有什麼改變。

● 如果我們把表面弄溼，顏色便會擴散開來喔！

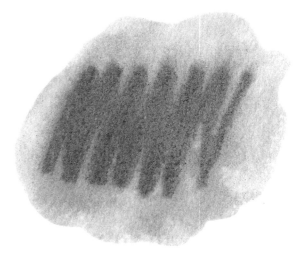

● 如果使用不同的顏色，顏色便會混在一起。

● 我們可以畫線條。

● 或是把整個區域塗顏色。

彩色筆的變化很多，我們可以用來畫線、打點、創造圖案，或是把一小塊部分著色……

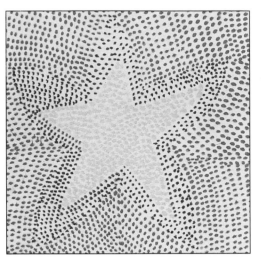

用彩色筆畫出不同顏色的點。

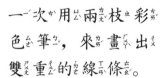

一次用兩枝彩色筆，來畫出雙重的線條。

用彩色的小方塊，來組成視覺上的遊戲圖案。

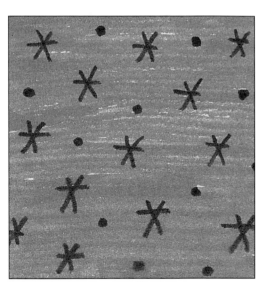

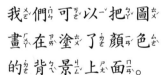

我們可以把圖畫在塗了顏色的背景上面。

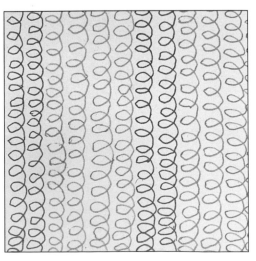

從遠處看，用極細的彩色筆畫成的螺旋好像線條喔！

我們可以用不同的顏色，把一整個區域著色。

在彩色筆塗成的彩色背景上面，我們可以用鉛筆、粉彩筆、廣告顏料、蠟筆、墨水……甚至水來畫圖喔！

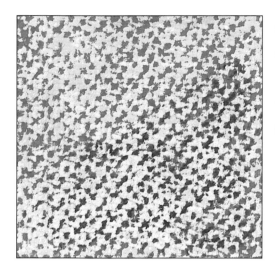

用黃色彩色筆在表面粗糙的＊紙上著色當作背景，再用綠色的粉筆塗顏色。

我們可以在彩色筆塗成的背景上使用色鉛筆。

滴幾滴水在彩色筆塗成的背景上面。

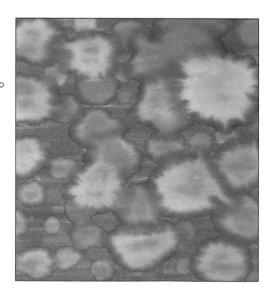

我們可以用畫筆蘸一些水塗過圖畫的表面，便會變成另外一幅圖了。

也可以用彩色筆和水，把一整個區域都塗滿喲！

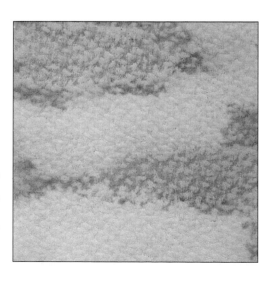

水性彩色筆的顏色是透明的，我們可以把它們混合在一起。

我們在一個顏色上塗了越多層，顏色就會越強烈*喔！

把兩個顏色交錯塗過，另一個不同的顏色就出現了。

彩色筆使紙的顆粒狀像背景一樣顯露出來。

描圖紙有很好的透明度，所以我們可以把描圖紙的兩面都著色。

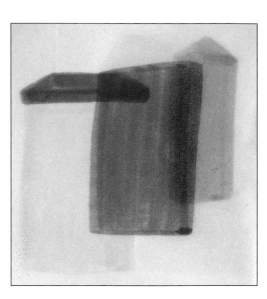

不同的畫材*有不同的效果：

面紙呈現出完完全全的平滑。

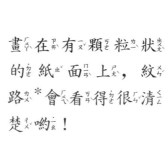

畫在有顆粒狀的紙面上，紋路*會看得很清楚喲！

在嘗試和實驗的過程當中，我們會發現最有趣的技巧*喔！
在這裡，我們發明了一些技巧：

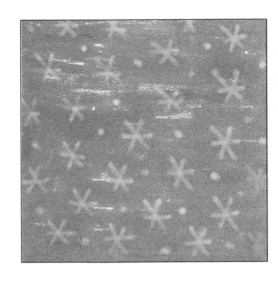

用特製的、可以用橡皮擦去的彩色筆畫成的星星。

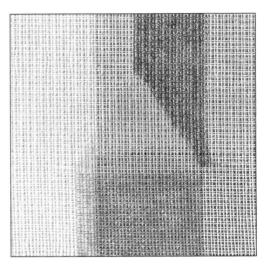

用彩色筆和織布畫成的圖畫。

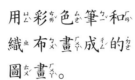

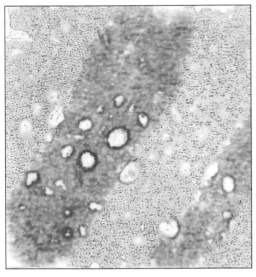

在塗有彩色筆的紙上灑水。

在下面墊有紙張的紙巾上畫水平線條，因為這樣而留在紙張上的痕跡。

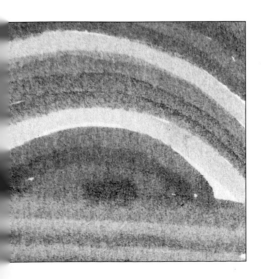

用不同的方向來畫彩色線條。

用粉彩筆在整張畫上亂塗，使它看起來像一幅被霧籠罩的風景畫。

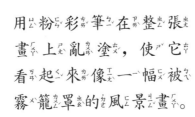

我們用了十種不同的方法來畫一朵花：

隨意的……
用彩色筆畫成的線條

清新的……
彩色筆和蠟筆

細緻的……
描圖紙

燦爛的……
用彩色筆著色的區域

鄉村風味的……
在軟木墊的背景上

溼ㄕ溼ㄕ的ㄉㄜ……
在ㄗㄞ彩ㄘㄞ色ㄙㄜ筆ㄅㄧ上ㄕㄤ的ㄉㄜ水ㄕㄨㄟ滴ㄉㄧ

凹ㄠ凸ㄊㄨ不ㄅㄨ平ㄆㄧㄥ的ㄉㄜ……
在ㄗㄞ表ㄅㄧㄠ面ㄇㄧㄢ粗ㄘㄨ糙ㄘㄠ的ㄉㄜ紙ㄓ
上ㄕㄤ塗ㄊㄨ水ㄕㄨㄟ彩ㄘㄞ

水ㄕㄨㄟ晶ㄐㄧㄥ般ㄅㄢ清ㄑㄧㄥ澈ㄔㄜ的ㄉㄜ……
透ㄊㄡ明ㄇㄧㄥ和ㄏㄜ彩ㄘㄞ色ㄙㄜ筆ㄅㄧ

栩ㄒㄩ栩ㄒㄩ如ㄖㄨ生ㄕㄥ的ㄉㄜ……
在ㄗㄞ吸ㄒㄧ水ㄕㄨㄟ性ㄒㄧㄥ良ㄌㄧㄤ好ㄏㄠ的ㄉㄜ
紙ㄓ上ㄕㄤ

平ㄆㄧㄥ滑ㄏㄨㄚ的ㄉㄜ……
彩ㄘㄞ色ㄙㄜ筆ㄅㄧ和ㄏㄜ水ㄕㄨㄟ

當ㄉㄤ然ㄖㄢ還ㄏㄞ有ㄧㄡ很ㄏㄣ多ㄉㄨㄛ、
很ㄏㄣ多ㄉㄨㄛ其ㄑㄧ它ㄊㄚ的ㄉㄜ方ㄈㄤ法ㄈㄚ
囉ㄌㄨㄛ！

現ㄒㄧㄢ在ㄗㄞ，就ㄐㄧㄡ讓ㄖㄤ我ㄨㄛ們ㄇㄣ來ㄌㄞ
教ㄐㄧㄠ你ㄋㄧ如ㄖㄨ何ㄏㄜ用ㄩㄥ不ㄅㄨ同ㄊㄨㄥ的ㄉㄜ
技ㄐㄧ巧ㄑㄧㄠ，做ㄗㄨㄛ出ㄔㄨ這ㄓㄜ裡ㄌㄧ的ㄉㄜ
每ㄇㄟ一ㄧ朵ㄉㄨㄛ花ㄏㄨㄚ吧ㄅㄚ！

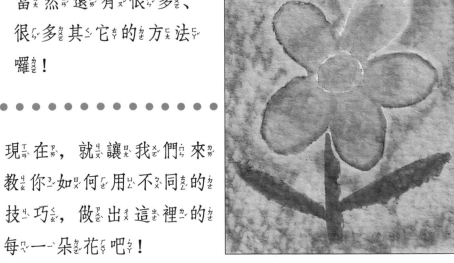

我們可以用彩色筆畫出各種的線條。

1 把兩個綠色調的顏色重疊*在一起，做成草地。

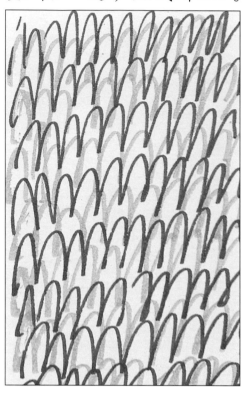

2 用細的和粗的筆觸*，來畫棕櫚樹的樹幹。

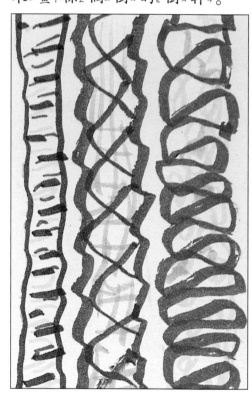

3 同樣用粗粗細細的筆觸，來畫樹枝和葉子。

4 藍色的網做成天空的背景。

5

結果我們畫了一個森林。一個線條的森林，是不是很像植物呢？

我ㄨㄛˇ們ㄇㄣˊ也ㄧㄝˇ可ㄎㄜˇ以ㄧˇ用ㄩㄥˋ彩ㄘㄞˇ色ㄙㄜˋ筆ㄅㄧˇ把ㄅㄚˇ整ㄓㄥˇ個ㄍㄜˋ區ㄑㄩ域ㄩˋ著ㄓㄜ色ㄙㄜˋ。

1

在ㄗㄞˋ白ㄅㄞˊ色ㄙㄜˋ的ㄉㄜ卡ㄎㄚˇ紙ㄓˇ上ㄕㄤˋ塗ㄊㄨˊ一ㄧ些ㄒㄧㄝ顏ㄧㄢˊ色ㄙㄜˋ，小ㄒㄧㄠˇ心ㄒㄧㄣ喔ㄛ！可ㄎㄜˇ不ㄅㄨˊ要ㄧㄠˋ讓ㄖㄤˋ顏ㄧㄢˊ色ㄙㄜˋ混ㄏㄨㄣˋ在ㄗㄞˋ一ㄧ起ㄑㄧˇ了ㄌㄜ。

2

我ㄨㄛˇ們ㄇㄣˊ也ㄧㄝˇ可ㄎㄜˇ以ㄧˇ畫ㄏㄨㄚˋ一ㄧ些ㄒㄧㄝ圖ㄊㄨˊ案ㄢˋ*。

3

我ㄨㄛˇ們ㄇㄣˊ把ㄅㄚˇ背ㄅㄟˋ景ㄐㄧㄥˇ*塗ㄊㄨˊ上ㄕㄤˋ另ㄌㄧㄥˋ外ㄨㄞˋ一ㄧ個ㄍㄜˋ顏ㄧㄢˊ色ㄙㄜˋ。最ㄗㄨㄟˋ後ㄏㄡˋ，整ㄓㄥˇ個ㄍㄜˋ表ㄅㄧㄠˇ面ㄇㄧㄢˋ都ㄉㄡ被ㄅㄟˋ塗ㄊㄨˊ滿ㄇㄢˇ了ㄌㄜ顏ㄧㄢˊ色ㄙㄜˋ。

我爸們♡先♡畫爸圖爸的爸部爸分爸，再爸把爸背爸景爸塗爸成爸黑爸色爸。

哇！多爸麼爸美爸麗爸、閃爸閃爸發爸亮爸的爸天爸空爸啊！

當ㄉㄤ我ㄨㄛˇ們ㄇㄣ˙在ㄗㄞˋ描ㄇㄠˊ圖ㄊㄨˊ紙ㄓˇ上ㄕㄤˋ畫ㄏㄨㄚˋ圖ㄊㄨˊ的ㄉㄜ˙時ㄕˊ候ㄏㄡˋ，描ㄇㄠˊ圖ㄊㄨˊ紙ㄓˇ的ㄉㄜ˙兩ㄌㄧㄤˇ面ㄇㄧㄢˋ都ㄉㄡ是ㄕˋ可ㄎㄜˇ以ㄧˇ用ㄩㄥˋ的ㄉㄜ˙。

1 先ㄒㄧㄢ用ㄩㄥˋ黑ㄏㄟ色ㄙㄜˋ的ㄉㄜ˙彩ㄘㄞˇ色ㄙㄜˋ筆ㄅㄧˇ畫ㄏㄨㄚˋ出ㄔㄨ圖ㄊㄨˊ案ㄢˋ來ㄌㄞˊ。

2 在ㄗㄞˋ另ㄌㄧㄥˋ外ㄨㄞˋ一ㄧ面ㄇㄧㄢˋ著ㄓㄨㄛˊ色ㄙㄜˋ，這ㄓㄜˋ樣ㄧㄤˋ子ㄗ˙顏ㄧㄢˊ色ㄙㄜˋ才ㄘㄞˊ不ㄅㄨˋ會ㄏㄨㄟˋ混ㄏㄨㄣˋ在ㄗㄞˋ一ㄧ起ㄑㄧˇ。

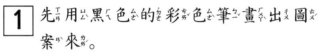

3 我ㄨㄛˇ們ㄇㄣ˙可ㄎㄜˇ以ㄧˇ在ㄗㄞˋ反ㄈㄢˇ面ㄇㄧㄢˋ把ㄅㄚˇ背ㄅㄟˋ景ㄐㄧㄥˇ塗ㄊㄨˊ上ㄕㄤˋ各ㄍㄜˋ種ㄓㄨㄥˇ顏ㄧㄢˊ色ㄙㄜˋ。這ㄓㄜˋ一ㄧ次ㄘˋ，顏ㄧㄢˊ色ㄙㄜˋ就ㄐㄧㄡˋ會ㄏㄨㄟˋ混ㄏㄨㄣˋ在ㄗㄞˋ一ㄧ起ㄑㄧˇ了ㄌㄜ˙。

4 再ㄗㄞˋ翻ㄈㄢ回ㄏㄨㄟˊ正ㄓㄥˋ面ㄇㄧㄢˋ*。和ㄏㄢˊ其ㄑㄧˊ它ㄊㄚ顏ㄧㄢˊ色ㄙㄜˋ比ㄅㄧˇ起ㄑㄧˇ來ㄌㄞˊ，黑ㄏㄟ色ㄙㄜˋ的ㄉㄜ˙線ㄒㄧㄢˋ條ㄊㄧㄠˊ看ㄎㄢˋ起ㄑㄧˇ來ㄌㄞˊ是ㄕˋ不ㄅㄨˋ是ㄕˋ特ㄊㄜˋ別ㄅㄧㄝˊ突ㄊㄨˊ出ㄔㄨ呢ㄋㄜ˙？

5

描完黑色的線
條以後，我們
在描圖紙的背
面完成整個非
洲人物圖案。
這就是為什麼
背景看起來像
被稀釋*過的
樣子了。

用彩色筆塗成的背景很適合用鉛筆、蠟筆、粉彩筆……
在上面著色喔!

1 我們把白色卡紙的某些部分用彩色筆塗上顏色。

2 現在,在上面塗蠟筆,不要把整個背景都塗滿喔!

3 用同樣的方法來塗另一個部分。

4 不要用蠟筆,用彩色筆來完成整張畫。

5

瞧ㄑㄧㄠˊ！我ㄨㄛˇ們ㄇㄣ在ㄗㄞˋ
白ㄅㄞˊ色ㄙㄜˋ的ㄉㄜ卡ㄎㄚˇ紙ㄓˇ
上ㄕㄤˋ畫ㄏㄨㄚˋ了ㄌㄜ一ㄧˊ幅ㄈㄨˊ
很ㄏㄣˇ漂ㄆㄧㄠˋ亮ㄌㄧㄤˋ的ㄉㄜ靜ㄐㄧㄥˋ
物ㄨˋ畫ㄏㄨㄚˋ。如ㄖㄨˊ果ㄍㄨㄛˇ
紙ㄓˇ張ㄓㄤ的ㄉㄜ紋ㄨㄣˊ路ㄌㄨˋ
不ㄅㄨˋ同ㄊㄨㄥˊ，就ㄐㄧㄡˋ會ㄏㄨㄟˋ
有ㄧㄡˇ不ㄅㄨˋ同ㄊㄨㄥˊ的ㄉㄜ效ㄒㄧㄠˋ
果ㄍㄨㄛˇ喲ㄧㄛ！

彩色筆的顏色是透明的,所以儘管我們在上面塗了顏色,底下的樣子還是可以看得見喔!

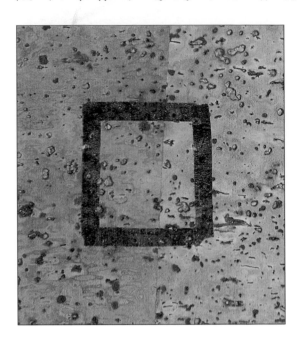 

1 我們先在軟木墊的表面畫一個方形。

2 把這個區域用彩色筆著色。

3

利用廣告顏料,我們可以凸顯出這幅畫的某些部分喲!

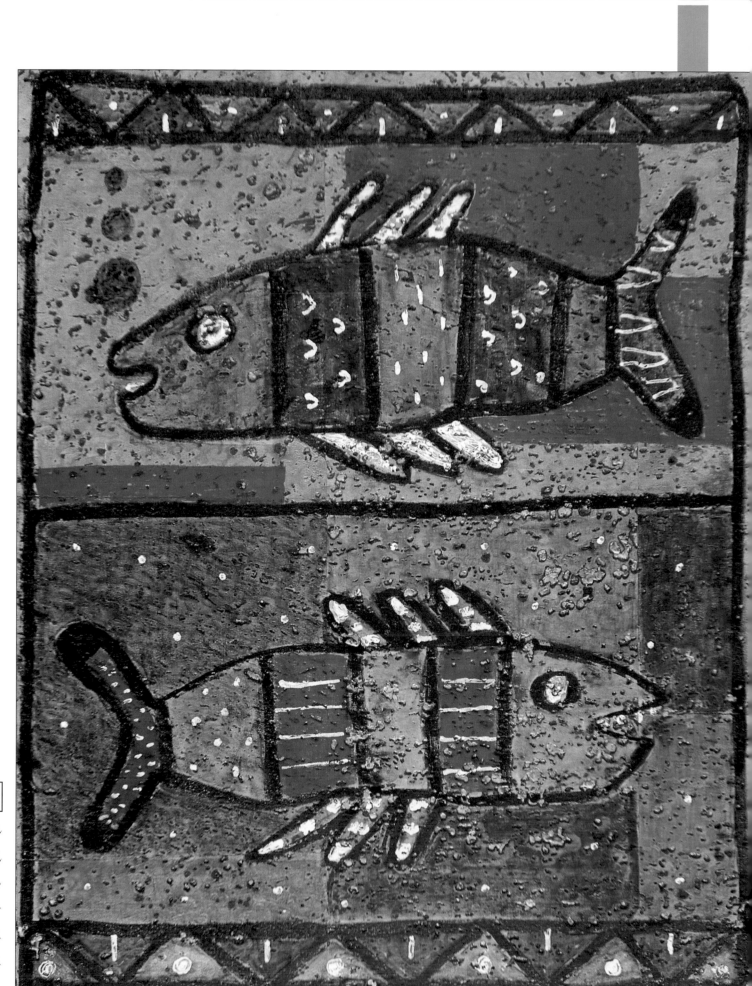

4

畫裡小起是候木？

這張畫的兩條魚，看起來是不是時舊的古老的版畫呢？

如果我們輕輕地用彩色筆塗過表面粗糙的紙，只有一部分的顏色會附著在紙上喲！

1 先想一想要畫些什麼呢？

2 除了我們想留下白色的部分，用水彩塗過每一個區域。

3 用彩色筆輕輕地畫出天空來。

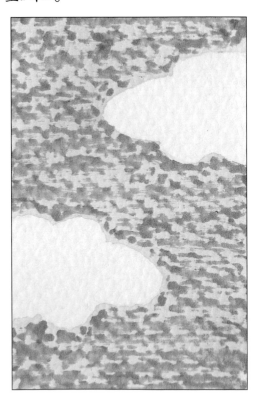

4 把雲塗上一些顏色，使雲看起來更明顯。

在這裡，我們畫了了一隻和善的乳牛。
沒有著色的白色部分，是紙張原來的顏色。

如果我們把彩色筆塗在像餐巾紙那種吸水性很好的紙上，顏色便會暈染開來。

1

在餐巾紙上畫一朵花。紙巾會吸收大部分的顏色喔！

2

現在，我們把背景著色。因為紙張會變得溼溼的，所以我們必須等它乾。

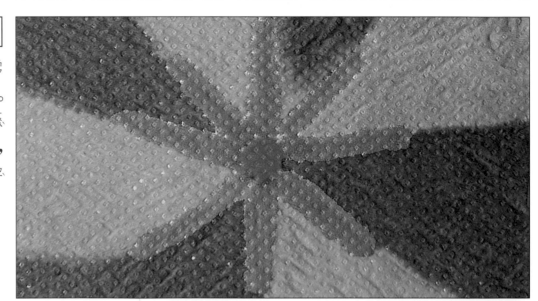

3

從紙巾的背面看，這幅畫也是很奇特的喲！

4

因ㄣ為ㄟ這ㄓ種ㄓ紙ㄓ很ㄏㄣ會ㄏㄨ吸ㄒ水ㄕㄟ，所ㄙ以ㄧ顏ㄧ色ㄕ會ㄏㄨ變ㄅ得ㄉ非ㄟ常ㄔ強ㄑㄧ烈ㄌㄧ喔ㄛ！

我ㄨ們ㄣ也ㄧ可ㄎ以ㄧ趁ㄔ著ㄓ紙ㄓ還ㄏ溼ㄕ溼ㄕ的ㄉ時ㄕ候ㄏ來ㄌ混ㄏ色ㄕ。

水是彩色筆墨水的基本成分,如果我們在紙上滴幾滴水,在有水的部分,顏色便會變得比較淡。

1

用不同的顏色在紙上著色。

2

讓水順著你的指尖滴到紙上。

3

等水乾了以後,再重複同樣的步驟。

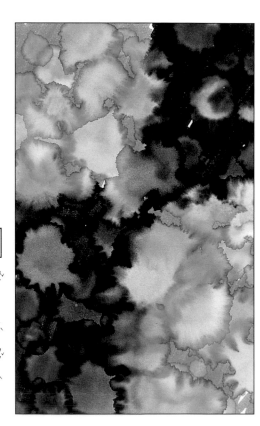

4

繼續直到整張畫完成。我們可以看到顏色是怎麼混合在一起的囉!

5

雖然這個方法看起來有些隨興，但是多練習幾次，你便能把畫完成時的顏色控制得很好喲！在這個樹林裡，我們讓圖的邊緣空白，因為我們不希望顏色混在一起；可是即使顏色混在一起，產生出來的效果可能也不錯喔！

我們曾經提到過，彩色筆的顏色是透明的，而且可以重疊在一起。

1 棉紙能表現出彩色筆透明的特性，而且正、反兩面都可以著色喲！

2 先畫出一棵植物來，然後等顏色乾。

3 再畫出更多的植物來。顏色重疊以後，新的顏色便產生了。

4 把紙翻面，畫上更多的植物。再翻回原來的那一面，重複畫圖。

就_{ㄐㄧㄡˋ}像_{ㄒㄧㄤˋ}這_{ㄓㄜˋ}些_{ㄒㄧㄝ}
鳥_{ㄋㄧㄠˇ}兒_ㄦ，畫_{ㄏㄨㄚˋ}
好_{ㄏㄠˇ}以_{ㄧˇ}後_{ㄏㄡˋ}好_{ㄏㄠˇ}
像_{ㄒㄧㄤˋ}是_{ㄕˋ}飄_{ㄆㄧㄠ}浮_{ㄈㄨˊ}
在_{ㄗㄞˋ}空_{ㄎㄨㄥ}中_{ㄓㄨㄥ}耶_{ㄧㄝˊ}！

如果我們用蘸了水的畫筆塗過圖畫的表面，
顏色便會擴散*開來喲！

1 我們先用彩色筆的各種顏色，畫出一個圖案。

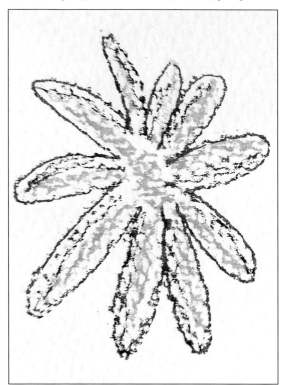

2 然後用蘸了水的畫筆塗過，顏色會擴散開來。

3 為了觀察顏色變化的情形，不妨在別的紙上練習不同的圖案。

顏色被水稀釋以後，會變得比較柔和喔！這就是為什麼
這隻小老鼠看起來好像正在和朋友說話的原因了。

詞彙說明

持久的：不改變的。在彩色筆來說，是指顏色不會擴散，也稱做「洗不掉的」。

表面粗糙的：不平滑，有凹下或凸起的。

強烈：顏色的集中，在這裡是指顏色的量多。

畫材：一種我們可以在上面塗顏料的物質，它可以是紙、布、木材……

紋路：某個表面看起來的樣子，或是摸起來的感覺。可以是粗糙的、平滑的、凹凸不平的……

技巧：製作一種東西的方法。

重疊：把某個東西放在另外一個東西上面。

筆觸：線條或條紋。可以是細的或粗的、直的或彎曲的。

圖案：在一幅畫裡，佔最主要部分的圖形。

背景：在圖底下的部分，有點綴整幅畫的作用。

正面：首要及主要的那一面，在這裡是指紙張用來畫圖的那一面。

稀釋：溶解在水裡。

擴散：向四面八方散開來，在這裡是指顏色在紙上暈開的情形。

給孩子的床邊故事
學英語的絕佳輔助

英漢對照系列

看故事學英文

非尋常童話

Wilhelm Busch 著

陸谷孫 譯

九篇獨立精彩的故事詩，
幽默詼諧的內容，
流暢的詩韻和活潑的插圖，
篇篇令人開懷大笑！

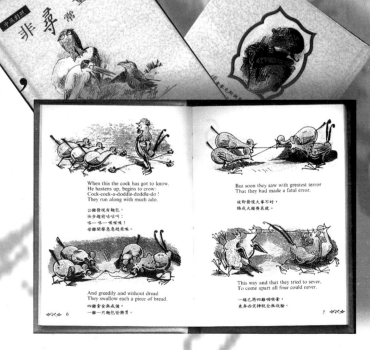

When this the cock has got to know.
He hastens up, begins to crow:
Cock-cock-a-doodle-doddle-do !
They run along with much ado.

公雞發現有麵包，
快步趨前咕咕叫：
咯一咯一喔喔喔！
母雞聞聲急趨來啄。

And greedily and without dread
They swallow each a piece of bread.

四雞食含無成備，
一嘴一片麵包皆樂享。

But soon they saw with greatest terror
That they had made a fatal error.

旋即發現大事不好，
釀成大錯與氣惱。

This way and that they tried to sever,
To come apart all four could never.

一隻隻將四雞喘喘喘喘者，
東奔西突掙脫全無效驗。

6   7